YO, PAVO REAL

Lázaro Droznes

YO, PAVO REAL

Aventuras de un pavo real en la tierra de los pingüinos

Monólogo sobre el tema de la diversidad y la necesidad de aceptar pájaros de distintos plumajes en una Organización. Un Pavo Real relata sus aventuras en el Reino de los Pingüinos, que lo contrataron porque querían un Pavo Real en su empresa pero luego intentaron convertirlo en otro pingüino más pidiendo que esconda sus plumas y use el típico traje negro. Una amenaza inesperada permite apreciar las ventajas de la diversidad en una organización dado que diferentes pájaros usan diferentes habilidades para trabajar en equipo y eliminar el peligro. El Pavo Real y los demás "rara avis" son entonces aceptados como miembros de la Organización sin pedirles que modifiquen su identidad. Es una reflexión acerca de cuánta diversidad es necesaria y conveniente para las organizaciones.

Published by UNITEXTO

UNITEXTO
Digital Publishing

YO, PAVO REAL
Aventuras de un pavo real en la tierra de los pingüinos

Un hombre de negocios vestido como pavo real, con sus plumas desplegadas, se dirige al auditorio.

Ya veo la cara que están poniendo

Imagino lo que están pensando.

Ven mis plumas, mi maquillaje, y me encasillan. Me ubican es esa categoría en la que están los pavos reales.

¿Qué necesidad hay de andar mostrando las plumas? Pensarán Ustedes.

Les pido que suspendan por ahora el encasillamiento y que escuchen la historia que tengo para contarles.

Yo soy un pavo real. Mi naturaleza es tener y mostrar las plumas

Aunque mis apariencias engañen, soy un alto ejecutivo en una empresa multinacional que tiene más de 100.000 personas trabajando en todo el mundo.

Como un pavo real llegó a formar parte del directorio de la empresa es la historia que vengo a contar hoy.

Los que me contrataron creen que si comparto mis experiencias con Ustedes es posible que su empresa también se beneficie.

La empresa en la que trabajo es ABM, que como Ustedes saben, fue creada y es manejada por pingüinos.

Creo que no hay en el mundo de los negocios dos especies más opuestas que los pingüinos y los pavos reales.

Sin embargo aquí estoy.

Pero... comencemos por el principio, que es como comienzan todas las historias

Hace muchos años yo era un verdadero pavo real, con grandes plumas y un ego tremendo.

Trabajaba en la Tierra de las Oportunidades. En esa época era más joven y mi energía y creatividad eran inagotables. ¡Y yo tenía sólo 30 años!

Los pingüinos de ABM empezaron a tener algunos problemas por esa época. Eran una organización rígida, pesada, centralizada, llena de comités que discutían todo y no decidían nada.

Muchos pavos reales y otra clase de aves demostraban que el manejo de empresas no requiere tanta burocracia.

Éramos anti burocracia, casi no había jerarquías, los roles no eran fijos, no había quintitas ni privilegios.

En la playa de estacionamiento no se podía adivinar cual era el coche del jefe.

Armábamos los equipos para cada proyecto y simplemente hacíamos el trabajo.

Éramos exitosos, crecíamos e íbamos mordiendo porciones del mercado de los pingüinos.

Los pingüinos son lentos, son torpes, pero no son tontos.

Enseguida percibieron que la tendencia era usar aves muy diferentes a los pingüinos y que si no lo hacían podían tener graves dificultades.

Hasta podían perder su negocio.

Salieron por todo el mundo a buscar nuevas aves.

Y yo fui uno de los elegidos.

La decisión de dejar la Tierra de las Oportunidades para ingresar en la mar de los Pingüinos fue una de las más difíciles de mi vida.

Decidí cambiar porque quería tener la satisfacción de formar parte de una empresa grande y poderosa.

Una empresa rica con aves bien pagadas,

Una empresa donde mi futuro podría ser aún más brillante que en la Tierra de las Oportunidades.

Al comienzo fue todo de maravillas. Mis plumas de colores encandilaban a los pingüinos. Mis ideas deslumbraban… y funcionaban.

A mi me encantaban sus rituales, sus trato y su cortesía.

¡Qué modales!

Pero, yo advertido por mis amigos, mantenía un bajo perfil y mantenía las plumas recogidas hasta que me aceptaran totalmente.

Primero tenía que conseguir los resultados prometidos y luego podría ser el pavo real que soy al 100%

Con el tiempo aparecieron las dificultades. Los pingüinos hablaban de diversidad pero no la podían practicar

Los pingüinos usaban su traje característico. Básicamente blanco y negro

El resto de las aves usaban diversas ropas y colores de acuerdo con su trabajo y estilo de vida.

Aunque no era una política declarada, los pingüinos inducían a las aves a ser lo mas parecidas a ellos si querían ascender en la empresa: caminar con pasos cortos, caminar ladeado el cuerpo, y usar traje de pingüino

Nadie lo decía, pero el mensaje era claro: Así hacemos las cosas aquí. El que quiera triunfar tiene que ser como nosotros.

Lo que se decía, en cambio, era: somos amplios, estimulamos el talento, la dedicación al trabajo y los aportes de nuevas ideas, sin importar de donde provengan.

La iniciativa, la creatividad y los logros es lo único que cuenta a la hora de los ascensos.

Pero en los hechos las cosas no eran así.

Los pingüinos seniors siempre me miraron como un "rara avis" y mis logros laborales no conseguían bajar las defensas. Las defensas estaban siempre ahí.

Muchos me consideraban un bocanada de "aire fresco" en la organización. No mucho más

Un día, un pingüino que me consideraban su ahijado, me abrazó con sus aletas y me dijo:

Nos gusta mucho tu trabajo, pero hay gente incomoda con tu apariencia. ¿Por qué no te ponés un traje de pingüino para parecerse a nosotros?

Lo intenté, juro que lo intenté. Pero el traje me apretaba, me aplastaba las plumas de la cola. No me podía mover y no podía trabajar.

En vista de mis dificultades un día mi "padrino" me sugirió:

¿Y si te pintas las alas de blanco y negro? Digo... para no ser tan colorinche"

Y yo me preguntaba: ¿Por qué mi aspecto es más importante que mis logros?

"Porque hay unos pingüinos viejos que se sienten incómodos con tanto color", me decía. Porque así son las cosas en el mar de los Pingüinos

Por supuesto, yo no había sido el único "rara avis" que contrataron los pingüinos.

Conmigo llegaron todo tipo de aves exóticas que sufrían como yo.

Está Juan el Halcón, ave de 4 ojos y mirada infalible que podía detectar un negocio a kilómetros de distancia. Trabaja en el área de desarrollo de nuevos negocios.

Está Helena, un cisne, ave de elegancia sin igual que está a cargo de las relaciones Institucionales.

Está Cesar el Búho, un maestro de la visión nocturna que trabaja en el departamento de Seguridad.

Y hay muchas aves más. Cada una con su especialidad. Los pingüinos se llevaron lo mejor que había en cada área.

¡Y ahora quieren que seamos pingüinos!

Es uno de los grandes misterios del alma del pingüino:

¿Por qué los pingüinos toman gente diferente y luego quieren transformarlos para que sean iguales a ellos?

El único alivio es que no me pasaba a mí nada más.

Era igual con todas las aves.

Conversábamos mucho entre las aves sobre lo que había que hacer. Queríamos todos seguir con los pingüinos, pero no queríamos perder nuestra identidad.

Dejar de ser lo que somos.

Algunas aves decidieron intentar cambiar la cultura en vez de dejarse cambiar por ella

Decidieron desarrollar estrategias para convertirse en "agentes de cambio" y eligieron a aquellos pingüinos que parecían ser más flexibles.

Las estrategias eran más o menos las siguientes:

Una
Agradecimiento positivo
Cuando una idea nueva es aprobada hacer un comentario del tipo "es muy confortante poder aportar enfoques diferentes. Le agradezco mucho porque mi trabajo se hace mas interesante"

Otra
Acciones de prensa:
Cuando en Internet o en los medios aparecía una noticia que coincidía con iniciativas de algún ave empezaron a mandar la noticia con un comentario que decía: "creo que puede ser de su interés"

Otra más

A propósito:
Las aves hacían sus propuestas innovadoras no en reuniones especiales, especialmente convocadas, sino al pasar, en encuentros casuales de ascensor, en los pasillos o en almuerzos en el comedor. La esperanza era ir "plantando" ideas nuevas en los pingüinos viejos.

Al poco tiempo nos dimos cuenta que no era una buena idea, que no podíamos ser agentes de cambio.

En resumen no podíamos cambiar a los pingüinos y tampoco podíamos cambiar nosotros para dejar de ser lo que somos.

Muchas aves empezaron a considerar la idea de dejar a los Pingüinos y volver al mar de las Oportunidades.

El dolor y la decepción de nos ser aceptados como uno es, es algo que muchos no pueden soportar.

¿Cuánto se puede "cambiar" para pertenecer?

¿Cuánto podemos cambiar y seguir siendo lo que somos?

¿Qué precio hay que pagar para triunfar?

Algunas aves se fueron a buscar otras oportunidades.

Los pingüinos ni se inmutaron.

Seguramente pensaban que cualquier ave que no estuviese dispuesta a ser Pingüino no debía seguir en la organización

Pero uno de los pingüinos me contó, "off the record", que entre los pingüinos había también un debate, porque no querían que las aves exóticas se fueran.

Los temas del debate eran:

¿Cuánta diversidad podemos tener y seguir estando cómodos?

¿Cuánta diversidad tolera nuestra organización?

¿Cuánta diversidad es necesaria y conveniente?

Empecé a recordar con añoranza la Tierra de las Oportunidades.

Ese mundo de donde venía en el que los jefes ni los empleados perdían tiempo ni energía tratando de aparentar lo que no son.

Sentirse aceptado, gozar de la confianza de los demás y poder cantar mi propia canción, era mi añoranza.

Ya estaba también buscando nuevas oportunidades cuando de pronto algo pasó que lo cambió todo.

El halcón vino un día con la noticia urgente: un grupo de focas se estaban acercando dispuestas a invadir y ocupar el territorio de los pingüinos.

Los pingüinos rechazaron de plano la noticia. Desde hace muchos años que no había invasión de focas, explicaron que habían sido exterminadas y que seguramente nos confundíamos con los lobos marinos.

Y que como los lobos marinos no están interesados en pingüinos, no había ninguna amenaza real.

Hasta hubo algunos que nos trataron de paranoicos, perseguidos.

Nosotros, las aves exóticas no lo podíamos creer.

Los pingüinos estaban en peligro y ni siquiera lo aceptaban. Ni hablar de prepararse para luchar y sobrevivir.

Creamos entonces nuestro grupo de defensa y ataque de aves exóticas del mundo de los pingüinos.

No era solo por los pingüinos. Era también por nosotros

Habíamos invertido muchos años de nuestra vida en esta organización y no queríamos tirar todo por la borda.

Teníamos todas las destrezas necesarias para enfrentar la situación: aves que nadaban, aves que volaban y otras que caminaban.

Es decir que podíamos encarar acciones por aire, tierra y mar. Nadie podía igualar esa capacidad.

El halcón estableció una posición de avistaje y comunicaba los avances de las focas.

Los gansos que vuelan en formación en V y de esa manera aprovechan el vacío que genera el vuelo para que su compañero pueda gastar un 70% menos de energía,
hacían los reconocimientos a larga distancia.

El cisne utilizó su elegancia para exponerse a las focas y logró que caigan en la trampa que les pusimos.

La cotorra empezó a hablar sin parar diseminando información falsa que confundió a los lobos marinos.

El búho aprovechó sus sistemas de visión nocturna para detectar los movimientos de los lobos marinos y se hizo cargo de los patrullajes de noche.

Así, cada una de las aves puso en práctica habilidades que los pingüinos no tienen, pero que venían como anillo al dedo.

Las focas se vieron así en un teatro de operaciones totalmente imprevisto.

Todos sus planes colapsaron.

Su moral cayó a las profundidades.

Entraron en confusión, se desorientaron y finalmente se retiraron.

Después de esta operación los pingüinos cambiaron.

Entendieron realmente, y ahora en sus corazones, lo que la diversidad había hecho por ello. Y dejaron de hablar de diversidad para realmente aceptarla.

Muchos dejaron de ir al mismo sastre, al mismo peluquero. Ser diferente pasó a ser "cool".

La diversidad no sólo era realmente bienvenida.

Ahora está de moda entre los pingüinos.

Ya no hablan tanto del pasado sino del futuro.

Implantaron una edad de retiro más temprana para renovar la gente y evitar a los pingüinos conservadores.

Las oficinas de los directores no son tan imponentes, ni los baños tan lujosos ni los coches tan caros.

Ya hay aves exóticas -una de ellas soy yo- en posiciones de liderazgo.

Aceptan que lo que funcionó en el pasado no va a funcionar necesariamente en el futuro.

Que las virtudes de ayer pueden ser los pecados del mañana.

Que aferrarse a lo que tuvo éxito puede ser la vía del fracaso.

Aunque no puedo ver mucho por las luces, creo distinguir en Ustedes pingüinos, pavos reales y todo tipo de aves.

Muchos de Ustedes en la audiencia son o creen ser pavos reales, como yo. Pero muy pocos se consideran pingüinos.

Encuentro habitualmente que la gente tiende a comportarse como pingüinos, pero que les gusta pensarse a sí mismo como pavos reales.

Ya sé lo que están pensando: que estoy encasillando. Es cierto, pero es una casilla flexible y estoy dispuesto a cambiar de opinión apenas tenga una chance de hacerlo.

A todos les digo que todas las especies tienen la necesidad de mantener su identidad al mismo tiempo que aceptan a los que son diferentes.

Las aves en convivencia hacen un mundo mejor, que prospera y mantiene felices a sus integrantes.

¿Qué aprendí yo en esta aventura en el Reino de la Diversidad?

Que todos tenemos tendencia a preferir a los se parecen a nosotros y que de esa manera corremos el riesgo de excluir a personas que pueden realizar contribuciones importantes.

Que tengo que estar alerta para superar el prejuicio y el ego y aceptar a los "distintos" que puedan aportar.

Y así dimos toda la vuelta y estamos nuevamente con el tema de los encasillamientos.

Eso que todos Ustedes hicieron cuando me vieron de entrada en este escenario.

Es inevitable que para ordenar el mundo establezcamos categorías.

Sin un mapa de la realidad estructurado en base a categorías no se puede vivir.

Esto es lo que hacemos con los "distintos".

Los ponemos en una casilla, en una categoría… y ahí se quedan.

La mayor parte de las veces, para siempre.

Estos casilleros, que también llamamos estereotipos son el gran enemigo de la diversidad.

El estereotipo iguala a todos los que pertenecen a la categoría.

Pero lo verdad que en una categoría dada no somos todos iguales.

Es un juego de 3 vías.

No tenemos que encasillar a los demás,

No tenemos que dejar que nos encasillen. Y no tenemos que encasillarnos nosotros mismos.

Si lo hacemos, los demás nos van a ver como nosotros nos vemos.

En nuestra organización hay frases que casi no se usan ahora pero que eran muy populares antes:

"¡Es el típico vendedor!"

"¡Qué alto que es Usted, seguramente jugó al basketball!"

"Si es mujer hará carrera en recursos humanos o en relaciones publicas"

"¡Es un típico porteño!"

"Ya lo ensayé una vez y no resultó"

"Nunca podría hacer lo mismo"

"Es el gerente. Por algo será"

"No vamos a mandar a una mujer a la fábrica"

"Es bonita, no debe ser inteligente".

"Realmente, no parece un gerente"

Para evitar el estereotipo desarrollé una sola fórmula que funciona, que siempre me da resultado:

Entrar en contacto con la persona. Hablar, ver quién es, qué piensa, qué siente.

Cuando hago esto siento que el otro deja de ser un rótulo para ser alguien único, singular.

Y es entonces que aparece con toda claridad qué función puede desempeñar en el equipo.

Qué podrá aportar.

Es con la comunicación que logro superar el estereotipo, apreciar la diversidad y lograr lo que parece imposible:

Estar cómodos en la incomodidad

Gracias por su atención.

Bueno, ya me estoy yendo con mis plumas a otro lado.

Buenos días tengan todos Ustedes.

FIN

Estimado lector:

Si llegó a esta página, probablemente este libro le haya interesado. Si es así, le pido por favor que escriba un comentario del libro en el siguiente link: http://amzn.to/2kXLjNi

Es importante, porque como autor me permite conocer la opinión de mis lectores y alienta a que otros posibles lectores se decidan a leerla. Muchas Gracias Lazaro Droznes

DERECHOS DE TEATRO

Los interesados en la representación teatral de esta obra pueden contactar al autor en lazadro@gmail.com

OTRAS OBRAS DEL AUTOR:

ANGELES RECOLETOS
Los muertos reviven la historia argentina en la Recoleta
http://amzn.to/2lA2zeW

ASTOR & NADIA
El encuentro de Astor Piazzolla con Nadia Boulanger que cambió el tango
http://amzn.to/2mcJJqU

AUN MÁS CHISTES VERDES, AUN MÁS CORTOS Y AUN MÁS PENE…TRANTES
Tercer volumen de la serie de libros con los mejores chistes verdes de una sola frase.
http://amzn.to/2u6LFti

CANTANDO COMO LA CIGARRA
Vida y canciones de Maria Elena Walsh
http://amzn.to/2kNM7U3

CARTAS DE AMOR de INGMAR & LIV
La hermosa historia entre Liv Ullman e Ingmar Bergman
http://amzn.to/2kCMEcy

CHE COMANDANTE
Revolucionario o aventurero?
http://amzn.to/2lx7oFu

CHE FAUSTO
El pacto de Enrique Santos Discépolo con el Diablo
http://amzn.to/2m1G547

CHE GARDEL
Comedia musical del eterno zorzal
http://amzn.to/2kXd8Fw

CHISTES VERDES, CORTOS Y PENE...TRANTES
Los mejores chistes en castellano. Bien verdes y de una sola
frase
http://amzn.to/2khNZtF

CHISTES CORTOS DE UNA SOLA FRASE SIN PREPUCIO
El mejor humor judío para leer sin culpa
http://amzn.to/2AqCmo5

DA VINCI ENAMORADO
La interminable historia de amor de Da Vinci y Mona Lisa
http://amzn.to/2kX8nf6

DESNAZIFICANDO A LENI
La historia de Leni Riefenstahl en la Alemania nazi
http://amzn.to/2mcyM8K

DIVINA DIVA
Vida y arias de María Callas
http://amzn.to/2kXnghe

EJERCICIO PLÁSTICO
La increíble historia del mural de David Siqueiros por encargo de
Natalio Botana
http://amzn.to/2kXnqVX

EL FABRICANTE DE VERMEERS
La increíble historia de Hans van Meegeren, el falsificador de
Vermeers
http://amzn.to/2lxa3PC

EL GEN SEDUCTOR
Cómo usar a los genes para seducir más y mejor
http://amzn.to/2kO49FP

EL SÍNDROME DE ESTOCOLMO
La increíble historia del secuestro de Jorge Born que obtuvo el
rescate más alto de la historia moderna y que 23 años después
se hicieron amigos y socios-
http://amzn.to/2kC4pfH

ESCUELA DE SEDUCTORES
Ideas, humor y ejercicios para mejorar la inteligencia sexual
http://amzn.to/2mcSbXq

FREUD ENAMORADO
Sigmund Freud y sus mujeres
http://amzn.to/2jGHHQq

HITLER VS STALIN
El pacto Ribbentrop-Molotov
http://amzn.to/2jaRkXS

IMAGINE
Vida y canciones de John Lennon
http://amzn.to/2kjA71Y

JUAN MOREIRA
Mimodrama de circo criollo.
http://amzn.to/2iJcOhS

JUICIO A JESUS
El juicio exprés que cambió al mundo
http://amzn.to/2u6n3AE

JUNG ENAMORADO
Las mujeres de C.G.Jung
http://amzn.to/2kXuQIM

LA MONJA JUDÍA
Edith Stein: judía, atea, filósofa, feminista, católica, monja,
mártir, santa y co- patrona de Europa
http://amzn.to/2m1CLpv

LA PASION DE EVA PERON
El mito de Orfeo recreado por Juan Domingo Perón y su mujer
Evita
http://amzn.to/2mcKhxd

LA PASIÓN SEGÚN GARDEL
Vida y canciones del inmortal Carlos Gardel
http://amzn.to/2kXyFO6

LAS ZONAS GRISES
El mundo vs. Eichmann
http://amzn.to/2lYmrcf

LOU ANDREA SALOMÉ
La musa de Nietzche, Rilke y Freud
http://amzn.to/2mcDnYS

LUCA VIVE. THE FUCKING MUSICAL
Vida y canciones de Luca Prodan
http://amzn.to/2lAhlgn

MACBETH EN SAN VICENTE
Crónica de un golpe de Estado en democracia
http://amzn.to/2lxkeUp

MARTIN FIERRO: EL MUSICAL
La obra de José Hernández convertida en comedia musical
http://amzn.to/2lYypmo

MÁS CHISTES VERDES, MÁS CORTOS Y MÁS PENE...TRANTES
Segundo volumen de los mejores chistes verdes de una sola
frase para practicar sexo oral en casa y ... verdes cortitos y al pie

http://amzn.to/2m1Tau0

MISCELANEA POETICA
Recopilación de piezas poéticas del autor
http://amzn.to/2lYyuGw

MI NAZI FAVORITO
El mito de Albert Speer, el nazi bueno.
http://amzn.to/2sUaDf2

NO, NO ME ARREPIENTO DE NADA
Vida y canciones de Edith Piaf
http://amzn.to/2kO9jS5

NORA EN AUSCHWITZ
La visita de la Cruz Roja al campo de concentración de Terezin en Junio de 1944
http://amzn.to/2mcIs3p

PADRE NAZI, HIJO JUDIO
La increíble historia del hijo de un héroe de guerra alemán que se convirtió al judaísmo y emigró a Israel.
http://amzn.to/2nqQoTS

PENEDRAMA
Grupo de terapia para penes en pena
http://amzn.to/2lAlCpC

PERON&EVITA. Cartas de Amor:
La extraordinaria historia de María Eva Duarte de Perón
http://amzn.to/2mcZK0g

RAPSODIAS PORTEÑAS
Vivencias de un porteño del Siglo XXI
http://amzn.to/2lYywhE

SANDRO DE FUEGO
Vida y canciones de Sandro
http://amzn.to/2m1QQU5

SI,SEÑORA
Historia de la mucama que quería ser señora
http://amzn.to/2lxmXND

SOMOS TODOS CARTONEROS
Una historia de amor en la basura de Buenos Aires
http://amzn.to/2mcQNnF

TANGOS PROSTIBULARIOS
Tangos pornográficos para calentar la pava antes de tomarse el mate
http://amzn.to/2kXA8Ef

TANGUEDIAS PORTEÑAS
Tangos, valses y milongas de nuestro Buenos Aires querido
http://amzn.to/2lYJnZ5

TANGUITO EL MUSICAL
La trágica vida de Tanguito, uno de los fundadores del rock nacional argentino
http://amzn.to/2lYQQHJ

TANTAS VECES ME MATARON
Vida y canciones de Mercedes Sosa. Nuestra Negra
http://amzn.to/2md3P4x

TERAPIA DE CLÍTORIS
Reflexiones y sugerencias de un grupo de terapia
http://amzn.to/2kXWIMR

TODOS VAN AL TABARIS
Casablanca en la Buenos Aires de Perón
http://amzn.to/2kY4o1K

YO ELVIS. CONDENADO AL ÉXITO
Vida y canciones de Elvis Presley
http://amzn.to/2kCJmK6

YO SOY GILDA
Vida y Canciones del Mito
http://amzn.to/2lxJYQo

YO, EL ANGEL AZUL
Vida y canciones de Marlene Dietrich
http://amzn.to/2m2ae3f

YO, EL POTRO
Vida y canciones de Rodrigo Bueno
http://amzn.to/2kXQl74

YO, ESA MUJER
Enigmas y revelaciones de Eva Perón
http://amzn.to/2sE5ELb

MAS INFORMACION EN EL SITIO DEL AUTOR:

www.lazarodroznes.com